鉴往知来系列图书

历史周期率的答案

黄炎培《延安归来》品读

陈培永 编著

湖南人民出版社·长沙

本作品中文简体版权由湖南人民出版社所有。
未经许可,不得翻印。

图书在版编目(CIP)数据

历史周期率的答案:黄炎培《延安归来》品读 / 陈培永编著. -- 长沙:湖南人民出版社, 2024.10.
ISBN 978-7-5561-3582-0
Ⅰ.K269.507
中国国家版本馆CIP数据核字第2024MR5529号

历史周期率的答案:黄炎培《延安归来》品读

LISHI ZHOUQILV DE DA'AN: HUANG YANPEI《YAN'AN GUILAI》PINDU

编 著 者:陈培永
出版统筹:黎晓慧
产品经理:曾汇雯
责任编辑:陈 实 曾汇雯
责任校对:张命乔
装帧设计:萧睿子 陶迎紫

出版发行:湖南人民出版社 [http://www.hnppp.com]
地　　址:长沙市营盘东路3号　　邮　编:410005　　电　话:0731-82683346
印　　刷:深圳市彩之美实业有限公司
版　　次:2024年10月第1版　　　　　　　　印　次:2024年10月第1次印刷
开　　本:710 mm × 1000 mm　1/32　　　　印　张:4.25
字　　数:46千字
书　　号:ISBN 978-7-5561-3582-0
定　　价:38.00元

营销电话:0731-82683348(如发现印装质量问题请与出版社调换)

总　序

摆在读者面前的这套"鉴往知来"系列图书，力求使近代以来中国思想史上的经典学术作品重装呈现，让这些作品与我们的时代、我们的社会、我们的生活亲密接触。作为总序，我想写三句话给读者也给自己以交代。

所选确为佳作。这套书首先是经典作品推介，担负着为今天的读者荐文鉴书的重任。它选取的是中国近现代思想史上的名家名作，这些作品有可能众所周知，有可能被偶尔提及，有可能很多人只知其一，有可能想看却无从查阅。我们要做经典作品整理的工作，用系列图书的方式将它们整合起来。入选的作品，得是值得典藏的、可读性强的或者是影响历史走向的名作，是有特定时代标记但又超越那个时代在今天依然值得阅读的力作，是短小精湛、以小博大而非大部头的佳作。

所写皆要可读。在每部作品前面，附上一万字左右的品读文字，什么样的解读才配得上即将出场的作品？这个问题我想了很久，总体的考量是：围绕一个主题、一个框架展开；对原文重要段落、核心观点进行深度解读；写我们这个时代的事，拉近历史、思想与现实的距离；文风真诚简约，不写大话空论，避免过度诗情画意。我希望的是，立足当下，以往为鉴，写给未来，借由短段、金句、精读、感悟，以清新之文风写时代之话语，写出围绕经典又能脱离经典可以独立阅读的作品，如果能打造出写经典的经典，就再好不过了。

所期能够长久。这套书应该有多少本？这个事情能否成为事业？还没有答案。我是有私心的，想通过做这套书，逼着自己去阅读尽可能多的名家作品，在与它们的对话中进一步夯实自己的学术地基。因此，这套书是为了学术理想而做，是为了让自己的学问能够持续下去而写。以学术为志业，都应该有学术理想，只不过学术理想不是想有就能有的，往往是在坚持不懈的学术创作中渐渐生成、逐步实现的。我希望通过出版社和自己以及团队的努力，让这套书持续做下去，在自己的书柜上占据越来越大的地方。

盼望有越来越多的读者愿意选择这套书来读，将它们摆在案头、放在床边、带在出差的飞机或火车上、翻阅在舒服的沙发里……这才是这套书持续做下去的不竭动力。

文字虽少，写我衷心。是为序。

陈培永

2024 年 2 月 18 日

目录

品读

历史周期率的答案
（陈培永） 001

一、去趟延安写写日记为何能留下名篇？ 004

二、"窑洞对"与跳出历史周期率的
"第一个答案" 015

三、自我革命：跳出历史周期率的
"第二个答案" 028

原文

延安归来
（黄炎培）
041

延安归来答客问 043

一、问：你们延安一行，究竟是怎样的动机？ 044

二、问：你们六个人去延安，用什么名义呢？ 048

三、问：你们究竟对于大局是怎样的看法？ 049

四、问：你们到延安一般的观感怎样？先请说说延安的风光好么？ 050

五、问：再请说说延安的人物。 053

六、问：延安的政治作风究竟怎样？ 054

七、问：你们和延安诸位领袖正式谈话的经过怎样呢？ 057

八、问：你们回来怎么办呢？ 058

九、问：这次参政会，你们的态度怎样？
国民大会问题的结果是怎样？ 058

十、问：你推测这件事的前途怎样？ 064

延安五日记 065

民国三十四年七月一日（晴） 066

二日（星期一）晴 076

三日（星期二）晴 090

四日（星期三）晴 096

五日（星期四）晴 106

韬奋逝世一周年哀词！ 108

诗 117

自重庆之飞延安 117

延安去 118

延安歸來答客問

這回，我偕褚輔成、冷遹、左舜生、傅斯年、章伯鈞五位先生離渝到延安，從七月一日至五日，往返共五天。回來之後，各方面朋友紛紛問我延安的情形。這樣，說了一遍，那樣，說了一遍，著實應接不暇。且把各位所發問題，用一番整理工夫，每問題作一個答案，一個個寫在下邊，用答面來替代口頭，也許可以省卻些許位發問的麻煩吧！如果知道我們整個的行程，還有一檔延安五日記。那寫得比較詳細些，諸位儘可參考。

一、問：你們延安一行，究竟是怎樣的動機？

答：我們六個人雖都在參政會。有相同的主張，但有各不相同的立場。褚先生是國民黨老黨員。左、章兩先生有他們所代表的黨。我和冷先生、傅先生都沒有黨，但傅先生是以學者的身分，而我和中間幾位先生，還有些民主同盟的關係，可是立場卻是大同。

我們這樣主張、抗戰要必勝，建國要必成。先須完成三大合作：就是政府與民衆合作，中央與地方合作、國民黨與各黨各派合作。我呢，願竭盡一切力量來協助它，這是我抗戰以來基本的一貫的主張。在這上邊當然我是頤意賣力的。

五五憲草，在憲政實施協進會裡，研討了不少次數。末了一次，我起立發言：這分憲草有值得極

【1】

《延安归来》原文节选一

端重視的一點，就是必須在全國和諧一致的空氣中產生，否則萬一釀成糾紛，反爲憲政施行的障礙。褚輔成先生立即起言，我的主張也是這樣。隔幾天，褚先生招我和冷、左、章、傅諸先生王雲五先生等，提商遇問題的進行方法，還是五月二十五日的事。

六月二日由褚輔成、黃炎培、冷遹、王雲五、左舜生、傅斯年、章伯鈞七個名字公電延安毛澤東、周恩來兩先生，大意是說：國結問題的政治解決。爲全國國人所渴望。某等鑒於國際國內一般情勢，惟有從速恢復商談，促成團結。盼復。同月二十二日，接到延安復電表示，如果當局願意，是樂於商談。並歡迎我們到延安去。同時表示他們不參加本屆參政會。

接下來我們七人作數度深切的研究。我們發電的意思，祇願促成國共商談，希望選出和藹空氣來。我們自己並沒有預備提出甚麼主張。但現在延安要我們去，我們倒需要考慮一下。我們數度會商的結果，一致認定雙方商談的門，是沒有關閉的。蔣主席三月一日演詞，和毛先生論聯合政府文，都說得明白白的，但從三月初延安表示中止商談以後，如果在商談恢復之前，國民大會問題，儘管一步逕行，那末，國民大會可能被人認爲某方面的國民大會。所通過的憲法，可能被人認爲某方面的想法，那就偏了。若一面儘管進行國民大會問題，一面從商談的進行上，也將受到影響。因此，我們七個人一致主張兩點：一、要從速恢復商談。二、把國民大會問題的進行暫緩些。

主張既定，共同去見蔣主席。主席很希望我們延安去一趟。並在我們充分說明一致的主張之後，以偉大的、懇切而坦白的精神，答復我們：國家的事，祇須於國家有益，都可以商談的。我們講到了，就決定去延安。但是到臨走那天，王雲五先生病了，結果只有六個人去。

二、問：你們六個人去延安，用甚麼名義呢？

[2]

答：我們是用個人名義。雖都是參政員，但並沒有受參政會公推。冷遹兩先生在去年參政會裡，會被推為延安視察團五人中之二人，但他們兩位並不用視察團團員的名義。更不管有黨無黨，我們是是國民，我們是有主張的，我們先認清自己的身分是這樣的。

三、問：你們究竟對於大局是怎樣的看法？

答：內戰是絕對不應該，也是絕對不可能。還不是誰能打，誰不能打的問題，而是國內和國際情勢上所絕對不允許的事。這遠從消極方面說。積極方面。在全世界高唱和平與民主聲中，無論國與國間，民族與民族間，乃至一國之內、任何單位與單位間，凡是兩個以上，都在山聯系間有合作團結。波蘭問題，算是一個僵局的了，到底則滿解決。印度希姆拉會議的破裂，與論都不滿意於回教代表的固執，世界思潮的新傾向，不是已經顯明了麼？過是我們一致的看法。而況國共問題，雙方商談之門，本沒有關閉呢！

四、問：你們到延安一般的觀感怎樣？光請說說延安的風光好麼？

答：我們是坐飛機去的。一下飛機場，首先使我們注目的，是左右兩行山脈，高高下下的桀壁上，鑿著無數窰洞形而不庇的窰洞，過都是老百姓的家，延安迩經過幾次日寇的大轟炸。最近從瓦礫堆上，建築起房屋來。成為疏疏落落的街道，當然說不到繁榮，但在新市場區坡。把重慶米比，彷彿像信義街橋花街一帶。中間不斷地起新建的房屋。商店二分之一，至少三分之一，都是合作社，合作社的組織。中間不少數黨的商品。是公務員家庭所製造出來的。所種植出來的。警察是沒有見過，遊民他們叫做「二流子」也絕對沒有的。標語很少，或者竟可以說沒有，有的點得上這傳小品。我提出一兩種比較瑣碎而可以做描寫延安風光的助力的，藝店門外揭示者的廣告，出售菁齋和文具。在黑

[3]

板上每一種用粉筆畫一個圈圖，標明價目，民衆都在圍觀。還份到理髮店裏去訪談，每一次理髮流通券七十元。理髮用凳的凳背，堅緊的木板一塊，扳向後方，人斜臥在上邊，理髮，將木板竪直，回復原狀。這個制度倒比一般流行的理髮椅來得簡單而省費。這邊一般的木器，都是製造得非常堅緻的。忽然看見一個招牌，是「稻香舊店」，使我頓時懷念到長眠地下的老同事鄒韜奮先生，發生無限的哀感。

延安城靠着一條延水，河身很潤，但水極淺，一般人涉水時，水不過膝，我們是坐着汽車過河的，流量和流速大得了不得，在平時老是這樣的。

延安到虞總共一條水，水邊一條路，路兩旁是人家。水兩旁是高山，彷彿一式的。黨政軍三個中心區域，我們都到過，房屋高高低低地都在山坡上下，和民間的建築，沒有多大差別，但各有一個大會堂，大會堂的規模當然不能比重慶中華路的青年館，但也還有中一路扰建堂模樣，實在超出我們想像的。

我不再說下去了。請讚我的延安五日記吧！

五、再請說說延安的人物：

答：說到人物：我頗意先談談延安的民衆，現在延安有五萬人口。其中三萬多是公務人員和他們的家屬等等，這種人員，不論男女都是制服，女子學生短髮短裝，都代表十足的朝氣。當地老百姓，衣服也都很整潔，衣料是要或白的土布。絕對沒有膿襤汚穢的流浪者。女子皆天足。此等土人，是代表樸實和體格的健全，却從沒見過紳士式的男子，和塗脂抹粉灑香水高跟鞋等摩登裝束的女子。

至於中共重要人物毛澤東先生，依我看來，是一位思想豐富而精銳又勇於執行者。朱德先生一望

《延安歸來》原文節選四

历史周期率的答案

鉴往知来系列图书

去了一趟延安,往返五天,把所见所闻用日记记录下来。回到重庆后,友人纷纷来问情况,回答了一遍又一遍,感觉这样下去会不断地从头道来,干脆就列出若干个问题,把自己这一趟为何去延安,去了以后见了哪些人、看了哪些景、谈了哪些事等讲清楚,最后把日记作为附录附上。这就是黄炎培《延安归来》的创作过程。

因此,《延安归来》可以说是黄炎培当时去延安所见所闻的记录,是力求广而告之的问答文,是一篇写日记写出来的名篇。

一、去趟延安写写日记为何能留下名篇？

去趟延安写写日记，就能够收获名篇，前提是这篇日记本身是属于历史的，记载的是重大历史事件。按照黄炎培自己所说，他是从辛亥革命那年开始写日记的，但这五天的日记含有特殊意义。

抗日战争即将迎来胜利，中国共产党和各界民主人士希望建立联合各派政治力量的民主的联合政府，但国民党却要召开所谓"国民大会"，继续实行一党专政，1945年2月，国共两党的谈判陷入停滞。黄炎培、褚辅成、冷遹、王云五、左舜生、傅斯年、章伯钧等七名国民参政会的参政员，虽然立场不同，却都主张团结有绝对的必要，希望能促成国共商谈。1945年6月2日，他们联名致电延安，提出"团结问题之政治解决，久为国人所渴望"，希望能从速恢复商谈，促成团结合作。

1945年6月22日，他们收到毛泽东、周恩来的复电。电文大意是，国民党拒绝党派会议，坚决要召开包办分裂之"国民大会"，已进一步造成内战危机。诸公的热心呼吁，倘能使当局醒悟，"放弃一党专政，召开党派会议，商组联合政府，并立即实行最迫切之民主改革，则敝党无不乐于商谈"。复电还热烈欢迎七位参政员赴延安商讨。经过慎重考虑，七名参政员决定去延安，于是他们共同去见蒋介石，表达了希望推动国共恢复商谈的想法。蒋介石表示同意，声称"余无成见，国家的事，只需于国有益，都可以商谈的"。

1945年7月1日，黄炎培一行六人乘飞机从重庆到延安。王云五因临行时突发寒热，没有成行。他们飞抵延安后，受到中共中央领导人毛泽东、朱德、周恩来等人的热情欢迎和接待。在延安期间，黄炎培等人与中共中央领导人进行了三次正式商谈，就国共谈判、联合政府、"国民大会"等问题广泛交换意见。经过商讨，达成两点协议，一是"国民大会"停止进行，二是从速召开政治会议。中共中央还根据会谈整理出会谈纪要，记载两项共同主张以及中国共产党的几项具体建议等内容。

回到重庆后，友人纷纷来问黄炎培延安情况，黄炎培反复回答，应接不暇。于是，他决定以日记为依据，口述延安行程和观感以及了解到的中共各项政策，由夫人姚维钧整理成《延安归来》一书，供感兴趣的人阅读。

这本薄薄的小册子，共有三部分内容：第一部分是"延安归来答客问"，回答了十个问题，包括延安之行的动机、去延安的名义、对大局的看法、对延安的观感、延安的政治作风、与中共领导人谈话的经过、国共合作的前途等。第二部分是黄炎培记录在延安五天情形的日记。第三部分是其为抒发所思所感而创作的《自重庆之飞延安》和《延安去》两首诗。

《延安归来》成书之后出版面临着许多困难，当时国民党政府对书刊出版有着严格的审查制度。有人劝说黄炎培不要出版，认为这万万要不得，是替共产党宣传，太危险了。如果按正常程序交由国民党检查机关检查，必然是不能问世的。黄炎培决定冒着巨大的风险，不将《延安归来》送去审查，直接"拒检"，将书稿交由重庆国讯书店出版。1945年8月第一批书出版销售，初版两万册，几天时间便被读者"一扫而光"。之后，该书在重庆、上海等地翻印，由上海国讯书店再版发行，并被大连大众书店、辽北出版社、东北书店等多家出版单位翻印，先后发行十万余册，并被许多人传抄，成为国统区轰动一时的畅销书，在当时的中国产生了巨大的政治影响。

《延安归来》究竟写了什么，为何会受到如此大的关注？

《延安归来》生动地呈现了当时延安的景象。黄炎培把自己所到之处、所见之事做了详细的记录，虽然日记是用很朴实的写法甚至是用流水账的方式写的，但读者依然能够感受到当时延安让人憧憬的风土人情。延安的街道十分整洁，街上没有茶馆，没有警察，没有游手闲荡的人，更没有流民。党政军三个中心区域的房屋高高低低地都在山坡上下，和民间建筑并没有多大差别。延安的新市场开有各种商店，有代客运货的商店、联合木器厂、供应总店，还有妇女联合会开的合作社等。黄炎培还介绍了延安的大学、地方军队、医疗队、农场、变工队和扎工队、边区银行等等，甚至还介绍了延安的日本俘虏学校，并且与被俘虏的日本军官做了交谈。黄炎培向读者描绘出军民一心、上下一致的欣欣向荣的景象，给他留下深刻印象的是，这里看不到一块荒废的土地，看不到一个游手好闲的人。

《延安归来》还重点描述了延安的人，不

仅有普通的民众，有当时在延安的文化名人，还有中共中央的领导人物。当时延安有五万人口，当地老百姓衣服十分整洁，衣料是蓝或白的土布，女子不缠足，不涂脂抹粉、洒香水、着高跟鞋等，女子学生短装短发，都代表十足的朝气，绝对没有褴褛污秽的流浪者，"绝对没有看见过一个面带烟容而颓唐的人"。黄炎培还着重写到对中国共产党领导人物的印象："毛泽东先生，依我看来是一位思想丰富而精锐又勇于执行者"，"朱德先生一望而知为长者"，"轰轰烈烈的贺龙、彭德怀、聂荣臻、林彪、刘伯承……诸位先生"，"在一般人想像中，一定脱不了飞扬跋扈的姿态。料不到，这几位先生都是从沉静笃实中带着些文雅，一点没有粗犷傲慢样子"。

那个时候没有视频，报纸也很少，毛泽东、

朱德、周恩来等中国共产党领导人物的名字，对很多人来说是如雷贯耳，但他们本人到底是什么样子的，很少有人知道，尤其是在当时国民党媒体的渲染下，国统区民众对这些人物的印象很多不是正面的，黄炎培的描述确实改变了很多人之前的认知。

更重要的是，《延安归来》还呈现了延安的政治作风。在黄炎培看来，中国共产党在延安是在真正地实践民主。延安的街头设有意见箱，每个人都可以直接上书建议主席毛泽东，这里称毛泽东便是毛泽东，一般并不连称他的头衔。共产党人十分关心民众的想法和需求，"政府好像对每一个老百姓的生命和他的生活是负责的"。军队每到一地方，首先要做的就是争取民众，使民众站起来，聚拢来，自由投票选出人选来做这一地方的乡长或其他公职。军队不干涉地方政治，让地方民众去监督。凡兵士和地方老百姓发生纠纷，必须责备兵士。

透过黄炎培的描述，我们还能读到延安马克思主义的具体实践，看到他记下的毛泽东对马克思主义中国化的表述：

我们要向老百姓学习。工农分子的知识，有时倒比知识分子多一点。读了马克思主义，没有能根据它来研究中国的历史实际，创造出合乎中国实际需要的自己的理论，做了中国共产党党员，看不见中国，只看见书架上的革命文献，这种马克思主义理论家，还是少一点好。

黄炎培看到中国共产党人追求理论和实际

相结合，追求理想和现实相结合，根据实际情况具体分析，落到实处，绝对不唱高调，求理论上好听好看，而是切实寻觅民众的痛苦，寻觅实际知识，从事实际工作。他举的例子是，中国共产党知道贫农的要求不一定是自有其田，而是有田可耕，于是变分田政策为减租保租；知道贫民要求有钱可借，减轻利率，不禁止债主放债，但严定减租保息。但从实际出发，并不妨碍他们追求进步，追求理想的实现，"中共朋友最可宝贵的精神，倒是不断地要好，不断地求进步，这种精神充分发挥出来，前途希望是无限的"。

在1945年前后，已经有各种身份的人从重庆赴延安，其中有一些人也出版延安纪行著作，但为什么没有在当时受到关注、没有在今天被人提及，这意味着光记下满足人们好奇心理的所见所闻，还是不够的。我们到一个地方，只是看到这个地方的景，看到每个人都能看到、都能拍下来的景，看不到这个地方的精气神，这个地方的精神特质，那写出来的东西就很难被读者认定是一部写某个地方的佳作。透过这个地方的表面，把握住这个地方与其他地方不同的内在特质，这应该是《延安归来》相较于其他著作的独特之处。

黄炎培的《延安归来》所看到的是别人没有看到的，澄清了许多误解和偏见，澄清了当时民众对共产党人的错误认知，对当时很多人的思想观念造成很大的冲击。黄炎培后来曾明确表示，我只是用朴素的写真笔法，秉笔直记所见所闻和所交谈，绝对不加渲染，但一看就感觉到共产党完全为人民服务。写成付印，流传很广，特别是各地老辈和海外华侨，读了《延安归来》，了解到中国共产党这样可敬可爱,而并不可怕。这本薄薄的小册子,向全国展示了延安和中国共产党人的真实风貌,使广大读者了解延安的真实情况和中国共产党的各项政策,也让黄炎培自己和更多人看到了中国的未来、中国的希望。

二、"窑洞对"与跳出历史周期率的"第一个答案"

如果只是对当时延安的风景、风貌、人物进行记录,如果只是满足当时外界对延安了解的需要,如果只是呈现当时中国共产党人的真实状况,《延安归来》也可能不会在今天还被不断提起。让其被不断提起的原因,是其中最为著名的一部分——"窑洞对"。

正是"窑洞对",使《延安归来》成为中国共产党历史上甚至中国近现代史上的名篇,它本身已经比《延安归来》更加知名。这说明,一部好的作品,有时候不在于从头到尾都是经典,可能靠一段话、一页纸就能奠定其经典地位。

窑洞是延安的标识,也代表着某种精神意向,在《延安归来》中是贯穿始终的。在"答客问"部分,黄炎培写道:"一下飞机场,首先使我们注目的,是左右两行山脉,高高下下的峰壁上,凿着无数圆形而平底的窑洞,这都是老百姓的家。"在日记中,他如此记录到达时的景象:"从机场周围一看,好像四面皆山,山壁上凿下无数的洞,洞的外形,上边一个半圆,下边是一画,无数无数个排列着,好像扩大的龙门佛像,却全是老百姓的家屋。"在飞机离开延安时,他又如此写道:"和我们最后分别的,到底是山头整整齐齐几百千个窑洞。我们应牢牢记住:在这几百千个窑洞中间的,才是真正延安老百姓。"

"窑洞对"因发生在毛泽东所住的窑洞中而得名,出现在日记的最后部分。黄炎培已经有结束日记的意思了,他已经说明"上文所记,也不过是我个人所见到、所听到是了",让人一看这就是文章的结尾部分。谁知,他话锋一转,写道"有一回,毛泽东问我感想怎么",在回答毛泽东问话的时候,他说出来如下一段话,提出了问题:

我生六十多年,耳闻的不说,所亲眼看到的,真所谓"其兴也勃焉,其亡也忽焉",一人,一家,一团体,一地方,乃至一国,不少【不少】

单位都没有能跳出这周期率的支配力。大凡初时聚精会神，没有一事不用心，没有一人不卖力，也许那时艰难困苦，只有从万死中觅取一生。既而环境渐渐好转了，精神也就渐渐放下了。有的因为历时长久，自然地惰性发作，由少数演为多数，到风气养成，虽有大力，无法扭转，并且无法补救。也有为了区域一步步扩大了，它的扩大，有的出于自然发展，有的为功业欲所驱使，强求发展，到干部人才渐见竭蹶、艰于应付的时候，环境倒越加复杂起来了，控制力不免趋于薄弱了。一部历史，"政怠宦成"的也有，"人亡政息"的也有，"求荣取辱"的也有。总之没有能跳出这周期率。中共诸君从过去到现在，我略略了解的了。就是希望找出一条新路，来跳出这个[周]期率的支配。

二、"窑洞对"与跳出历史周期率的"第一个答案"

仔细品读这段话,我们可以给自己设问,为什么它能够成为著名对话,被人认为堪比甚至超过传颂千古的刘备与诸葛亮的"隆中对"?

看这个"窑洞对",分析黄炎培所提问题的内容,首先好在引经据典。"其兴也勃焉,其亡也忽焉",是黄炎培问话中最核心的一句,出自《左传》,"禹、汤罪己,其兴也勃焉,桀、纣罪人,其亡也忽焉",意思是,禹和汤反思自身,他们创造繁荣兴盛的局面势不可挡,桀和纣怪罪他人,他们的灭亡也很迅速;"政怠宦成",应该改自于"官怠于宦成",出自汉朝刘向的《说苑·敬慎》,"官怠于宦成,病加于少愈,祸生于懈惰,孝衰于妻子",意思是政治懈怠正是起于官员从政成功之时;"人亡政息",出自《中庸》,原文为,"文武之政,布在方策。其人存,则其政举。其人亡,则其政息",讲的是,周文王、周武王的政令都记载在典籍上,他们在世时,其政令都能得到执行,他们亡故后,其政令便停止执行,简单说就是,政令的贯彻因人事更迭而中断,政治局面因执政者的更替而改变;"求荣取辱",出自曾国藩给九弟曾国荃的家书,"凡好名当好有实之名,无实则被人讥议,求荣反辱",讲的是追求与实际情况不相符合的虚名,会适得其反,被人讥笑,受人侮辱。

其次好在用历史事实说话。这段话简洁明了地回顾中国历代王朝的更替,以无法质疑的历史事实证明历史周期率强有力的存在,从夏商周秦汉,到唐宋元明清,哪一个朝代都没能跳出这个周期率,都不可避免地经历了掌握权力、确立统治、蓬勃发展、走向衰败、最终灭亡的过程,开始的兴盛与结束时的衰败形成鲜明对比,就像一个魔咒,似乎没有一个朝代能逃脱。

而且,不仅是历朝历代,还包括其他的一些"单位",一人,一家,一团体,一地方,这些似乎都在周期率的支配之下。这样就将历史周期率的影响面扩展了,将周期率问题与更多人的关系拉近了,它不仅是各朝各代的问题,而且还可能是人类社会的各个组织、机构、共同体甚至是每个人的问题。黄炎培还特别强调,他耳闻的不说,说的都是亲眼看到的,正所谓眼见为实,这些都是不能否定的事实。

再次好在原因分析到位。为什么会始兴终亡、兴勃亡忽?黄炎培的这段话实际上还做出了深入分析,不仅分析了"其兴也勃焉"的原因,也分析了"其亡也忽焉"的原因。"其兴也勃焉",

是因为虽然面对困难的环境，人人却能做到聚精会神，用心尽力，使事业兴旺。"其亡也忽焉"的原因，则是在环境好转时，在人数增多、力量增大、事业做大时，要么精神懈怠，惰性滋生，风气形成无法再改变；要么为功业欲所驱使，好大喜功，不顾客观发展规律，对自己所处的环境失去控制力。归根结底是忘了初心，面对一时的成功得意忘形，骄傲自大，各成员不再能够保持开始时的精气神，不再能够同心协力、攻克难关，最终面对客观现实有心却无力改变，功亏一篑。从黄炎培的描述中，我们能够看到历史上也包括我们身边很多一开始成功、最后却失败的"创业者"的影子。

最后好在问题对后世有警醒作用。如果一个问题只具有当时的重要性，是不会在历史长河中留下深刻印记的。历史周期率，是一条周而复始、困扰人们已久的历史定律，其不仅是历史的总结，是当时的现实，还注定是当今社会乃至未来社会的难题。跳出历史周期率无疑是十分困难的，人类社会的历史，不会因为找到问题的正确答案，就能够轻而易举地解决这个难题。

历史的悲剧在于，伟大的历史人物在功业开始时都会自信地认为自己解决了这个难题，不再会重蹈前人的覆辙，结果是这种自信留给后来之人，后来之人却一次又一次地重蹈覆辙。真能摆脱历史周期率的支配吗？如何才能彻底摆脱而不是一开始自以为摆脱？这是一个足以警醒人类社会各个历史阶段执政者的问题，也是足以启迪每个通过自己的奋斗成就一番事业的人的问题。

能够被称为"窑洞对"而流传于世，只有

好的问题，没有好的回答，也是不可能的。有好题也得有好"对"。根据黄炎培的记述，毛泽东的回答是：

我们已经找到新路，我们能跳出这周期率。这条新路，就是民主。只有让人民来监督政府，政府才不敢松懈。只有人人起来负责，才不会人亡政息。

对于历史周期率这一困扰人类社会千百年的难题，毛泽东用"民主"这一名词做出简短有力的回答。通过民主来避免人亡政息，跳出历史周期率的支配。这个回答充满自信，毛泽东无疑是经过深思熟虑的，也无疑是有说服力的。问题问得好，回答答得好，所问所答都绝妙，才成就了"窑洞对"。

　　这个回答里面有毛泽东对民主的简洁化理解，他清晰明了又深刻地揭示了民主的真谛。民主包含两层意思：其一，人民监督政府；其二，人人起来负责。可以说，一个方面强调每个人的"权利"，一个方面强调每个人的"责任"。

　　民主一定包含着监督政府权力的意思，意味着政府不能独掌政权，用权要由人民来监督和制约，它必然要赋予每个人监督政府、约束权力的权利。但讲民主，不能只讲拥有权利而不讲担负责任，每个人不能只想着成为当家作主的"主人"，还得有"主人"的素质和能力。没有负责担当的意识，没有判断是非的能力，就想着能够自己说了算，自己可以只根据自己的利益去投票和表决，这样的民主很容易沦为没有远见和大局观的胡乱决策。

在民主越来越深入人心,没有一个国家不去追求民主的当今时代,我们越来越需要反思,民主确实迎合了很多人想当家作主,不仅做自己主还想做国家、社会主的需要,但却为一些只顾个人利益而不考虑他人利益、公共利益、长远利益的人提供便利,如果只是一味强调参与民主的社会成员的权利,而没有引导其担负起应该担负的责任和义务,那这样的民主追求就很难产生好的结果。

黄炎培事后写下对毛泽东回答的感想:"我想:这话是对的。只有大政方针决之于公众,个人功业欲才不会发生。只有把每一地方的事,公之于每一地方的人,才能使地地得人,人人得事。把民主来打破这个周期率,怕是有效的。"在延

二、"窑洞对"与跳出历史周期率的"第一个答案"

安的所见所闻,让黄炎培深受震撼、备受鼓舞。延安之行也成为他一生中一个重大的转折点。新中国成立后,黄炎培曾回忆说,"我一辈子都在寻求着真理,一直未曾如愿以偿,而使我认识到可能是真理所在的,就是1945年的延安之行"。

为什么人们会认同"窑洞对"堪比甚至超越了"隆中对"呢?可以看到,两者都是聚焦政权进行的对话,诸葛亮和刘备的"隆中对"围绕的是如何才能夺取政权,"窑洞对"则可以说围绕的是如何巩固政权。从这个意义上来说,比照"隆中对",把这段话定位为"窑洞对",是非常合适的,话题本身具有接续性、承接性。而且,获取政权不容易,稳固政权更不容易,从这个意义上来说,"窑洞对"从话题本身上就超越了"隆中对",而且正如我们所分析的,它提出的是一个具有普遍性的难题,对后世的警醒作用远远要超越"隆中对"。

三、自我革命:跳出历史周期率的"第二个答案"

《延安归来》写作和发表的时候,中国共产党还不是一个在全国执政的政党。毛泽东和黄炎培在交谈的时候,并没有怀疑过中国共产党一定会最终赢得胜利夺取政权,他们跳过中国共产党如何在全国执政的问题,直接思考的是成为执政党之后如何跳出历史周期率的问题。不用怀疑,一定会成功,让我们来谈谈成功之后的问题,这本身就是自信的表现。

历史验证了他们的自信。如何跳出历史周

期率支配的问题,果然是当时以及从那之后一直都应该思考的问题。如今,中国共产党已经是一个长期执政的马克思主义政党,进一步思考并回答"窑洞对"的问题,摆脱历史周期率的支配,显得更具有现实性和针对性。

我们会发现,党的十八大以来,习近平多次谈到"窑洞对",多次思考跳出历史周期率的问题,并用"其兴也勃焉,其亡也忽焉"的历史教训警示全党。我们可以不完全统计如下:

2014年10月,在党的十八届四中全会第二次全体会议上,习近平谈道:如何跳出"历史周期率"、实现长期执政?如何实现党和国家长治久安?这些都是需要我们深入思考的重大问题。

2015年5月,在中央统战工作会议上,习近平提出:当年"窑洞对"的问题已经彻底解决了吗？恐怕还没有。一些领导干部怕监督、不愿意被监督，觉得老是有人监督不自在、干事不方便。

2016年10月，在党的十八届六中全会第二次全体会议上，习近平指出：早在延安时期，毛泽东同志就提出跳出"历史周期率"的课题，党的八大规定任何党员和党的组织都必须受到自上而下的和自下而上的监督，现在我们不断完善党内监督体系，目的都是形成科学管用的防错纠错机制，不断增强党自我净化、自我完善、自我革新、自我提高能力。

2017年10月，在党的十九大报告中，习近平指出：人民群众最痛恨腐败现象，腐败是我们党面临的最大威胁。只有以反腐败永远在路上的坚韧和执着，深化标本兼治，保证干部清正、政府清廉、政治清明，才能跳出历史周期率，确保党和国家长治久安。

2018年1月，在新进中央委员会的委员、候补委员和省部级主要领导干部学习贯彻习近平新时代中国特色社会主义思想和党的十九大精神研讨班开班式上，习近平指出：马克思主义政党夺取政权不容易，巩固政权更不容易；只要马克思主义执政党不出问题，社会主义国家就出不了大问题，我们就能够跳出"其兴也勃焉，其亡也忽焉"的历史周期率。

2020年1月，在十九届中央纪委四次全会上，习近平指出：党的十八大以来，我们探索出一条长期执政条件下解决自身问题、跳出历史周期率的成功道路，构建起一套行之有效的权力监督制度和执纪执法体系，这条道路、这套制度必须长期坚持并不断巩固发展。

一次又一次讲话，一次又一次地提及，不难看出习近平对跳出历史周期率这一问题的重视程度。以史为鉴，观古思今，他不仅提醒党员领导干部不要忘记延安时期的"窑洞对"，而且更为详细地对封建王朝的兴衰更替进行了回顾，还强调今天要有忧患意识，进一步探索通过民主监督解决自身问题、跳出历史周期率的道路。

通过民主跳出历史周期率，是毛泽东在"窑洞对"中给出的一个答案。但跳出历史周期率之问，并不是只有一个答案。这是一个开放性题目，而不是一个只有唯一答案的题。对这个问题，在民主监督这个答案的基础上，中国共产党又找到第二个答案，这个答案就是自我革命。

2021年11月，在党的十九届六中全会上，

三、自我革命：跳出历史周期率的"第二个答案"

习近平指出：我们党历史这么长、规模这么大、执政这么久，如何跳出治乱兴衰的历史周期率？毛泽东同志在延安的窑洞里给出了第一个答案，这就是"只有让人民来监督政府，政府才不敢松懈"。经过百年奋斗特别是党的十八大以来新的实践，我们党又给出了第二个答案，这就是自我革命。之后，他又进行强调。在 2022 年新年贺词中，他讲道："我曾谈到当年毛主席与黄炎培先生的'窑洞对'，我们只有勇于自我革命才能赢得历史主动。"2022 年 10 月，党的二十大报告进一步明确，"经过不懈努力，党找到了自我革命这一跳出治乱兴衰历史周期率的第二个答案"。

自我革命何以能够作为跳出治乱兴衰"历史周期率"的第二个答案？何谓自我革命？自我

革命何以可能？如何才能做到自我革命？

照字面来理解，自我革命就是自己对自己的革命，就是自上而下的主动的自我革新。革别人的命容易，革自己的命难，针对自己的革命注定是最困难的革命。就像一个人一样，找别人的问题、要求别人改正缺点容易，而正视自己的问题、勇于纠正自己的缺点，则要难得多。

但难并不代表就做不到，一些人恰恰是战胜自己，取得了事业的辉煌。一个通过革命执政的政党，同样也可以触碰自己的问题，直面自己的痼疾，与时俱进地变革自己，成为伟大的政党，干成伟大的事业。

强调自我革命，彰显的是中国共产党人作为革命政党的自觉性。一个政党的革命与变革，是人类社会发展的必然趋势。不是不想革命就不革命的事，人类社会在发展，中国社会在进步，中国共产党作为长期执政的大党，必然要自我革命。一个革命党，只革别人的命，不敢革自己的命，不是彻底的革命党。中国共产党必须勇于自我革命，如果没有自我革命的担当和勇气，还停留在对以前辉煌的不断重复中，还停留在改革开放后形成的新的条条框框、部门利益格局中，不追求思想解放，不克服利益掣肘，就可能会被历史潮流与发展趋势所吞没。就此而言，自我革命不仅是主观的追求，不仅是高度的自觉，还是顺应历史潮流的必然之举。

当然，自我革命是第二个答案，不是唯一的答案，不能认为自己完全可以不受他人的监督，只依靠自己的努力就行。要跳出历史周期率的支配，实现长期执政，民主监督和自我革命两个答案缺一不可，二者内在一致、互相促进。2022年1月，在中共十九届中央纪委六次全会上，习近平曾指出："一百年来，党外靠发展人民民主、接受人民监督，内靠全面从严治党、推进自我革命，勇于坚持真理、修正错误，勇于刀刃向内、刮骨疗毒，保证了党长盛不衰、不断发展壮大。"这一论述深刻地揭示了中国共产党跳出历史周期率的两个答案的辩证关系，一个是"外靠"，一个是"内靠"。民主监督更加侧重于外部约束，强调外部因素和外部动能，自我革命更加侧重于自我约束，强调内部因素和内部动能，内外结合，才保证中国共产党长期执政，也才能跳出历史周期率。

一个追求自我革命的政党，才能真正成为自觉接受民主监督的政党。因为有着正视问题的自觉和刀刃向内的勇气,才能真正听取人民群众的意见和建议。一个自觉接受民主监督的执政党,才必然是能实现自我革命的政党。不自觉接受监督,自我革命很容易沦为口号。只有在民主监督中,一个政党才能够及时反思自身存在的问题和不足,进而解决问题,弥补不足,提升自我革命的针对性和有效性。

民主监督与自我革命互相促进,相辅相成,服务于促进建设长期执政的马克思主义政党的目标。中国共产党的自我革命是自我从严与外在监督相结合的革命。自我革命要做到自我净化、自我完善、自我革新、自我提高,但并不只是靠自我、自觉、自主,也靠法律、制度、纪律、规矩、监督。那种认为"讲自我革命就意味着不需要外力监督、不接受法律规制"的想法是错误的。

中国共产党的自我革命需要社会成员的广泛参与，中国共产党不是自我革命的唯一主体。若我们觉得中国共产党的自我革命是党组织的事情，和作为党员的个体无关，和作为社会普通一员的个体无关，那自我革命就会失去内在的驱动力，就注定不会成功。把自我革命看作与己无关的事情，作为党员持观望态度或反对态度，是极其不应该的。执政党的自我革命，是考验改革者和革命者是否拥有智慧、勇气的大事，也是考验一个国家所有社会成员参与热情和行动能力的大事。中国共产党的自我革命与每个党员，甚至与每个中国人息息相关，党员干部、人民群众，每一个个体都应该做出自己的贡献来推进这一自我革命，并借以推进社会革命。

最后值得强调的是，中国共产党依靠自我

革命引领社会革命是一个不断推进、不断深化的漫长历史过程。不能把自我革命理解为采取运动方式就能够很快实现的过程，那些认为革命可以一蹴而就的"速胜论"和"运动论"是不符合社会发展规律的。以自我革命推动社会革命，只有进行时没有完成时，中国共产党的自我革命更具有过程性，是只要作为执政党就必须进行的过程，伴随着中国共产党执政的全过程。进行自我革命，无论是其中人还是观察者，都不可操之过急，需要做到既有信心又要有耐心。

延安归来

菩提如来系列图书

延安归来答客问

这回，我偕褚辅成、冷遹、左舜生、傅斯年、章伯钧五位先生离渝到延安，从七月一日至五日，往返共五天。回来之后，各方面朋友纷纷问我延安的情形。这样，那样。说了一遍，又是一遍，着实应接不暇，怎样办呢？且把各位所发问题，用一番整理工夫，每问题作一个答案，一个个写在下边，用书面来替代口头，也许可以省却些诸位发问的麻烦吧！如果知道我们整个的行程，还有一篇《延安五日记》。那写得比较详细些,诸位尽可参考。

一、问:你们延安一行,究竟是怎样的动机?

答:我们六个人虽都在参政会①,有相同的主张,但有各不相同的立场。褚先生是国民党老党员。左、章两先生各有他们所代表的党。我和冷先生、傅先生都没有党,但傅先生是以学者的身份②,而我和中间几位先生,还有些民主同盟的关系。可是立场虽有小异,主张却是大同。

我向来这样主张。抗敌要必胜,建国要必成,

---

① 即"国民参政会",是抗日战争全面爆发后国民政府设立的由各个抗日党派代表以及无党派人士组成的最高咨询机构。1938年7月成立,汪精卫任议长,张伯苓为副议长。1948年3月,参政会正式宣布结束。
② 原文为"身分"。

先须完成三大合作：就是政府与民众合作，中央与地方合作，国民党与各党各派合作。我呢，愿竭尽一切力量来协助它，这是我抗战以来基本的、一贯的主张。在这上边当然我是愿意卖力的。

五五宪草①，在宪政实施协进会里，研讨了不少次数，末了一次，我起立发言：这份②宪草有值得极端重视的一点，就是必须在全国和谐一致的空气中产生，否则万一酿成纠纷，反为宪政施行的障碍。褚辅成先生立即起言，我的主张也是这样。隔几天，褚先生招我和冷、左、章、傅诸先生〔及〕王云五先生等，提商这问题的进行方法，这是五月二十五日的事。

六月二日用褚辅成、黄炎培、冷遹、王云五、

---

① 即《中华民国宪法草案》，发表于1936年5月5日，故称"五五宪草"。
② 原文为"分"，下同。

左舜生、傅斯年、章伯钧七个名字公电延安毛泽东、周恩来两先生,大意是说:团结问题的政治解决,为全国国人所渴望。某等鉴于国际国内一般情势,惟有从速恢复商谈,促成团结,盼复。同月二十二日,接到延安复电表示,如果当局愿意,是乐于商谈的。并欢迎我们到延安去。同时表示他们不参加本届参政会。

接下来我们七人作数度深切的研究。我们发电的意思,只愿促成国共商谈,希望造出和谐空气来。我们自己并没有预备提出什么①主张。但现在延安要我们去,我们倒需要考虑一下。

我们数度会商的结果,一致认定双方商谈的门,是没有关闭的。蒋主席三月一日演词②,

---

① 原文为"甚么",下同。
② 指蒋介石 1945 年 3 月 1 日在重庆宪政实施协进会上的演说。

和毛先生《论联合政府》文①，都说得明明白白的，但从三月初延安表示中止商谈以后，如果在商谈没有恢复之前，国民大会问题，尽管一步步进行，那么②，国民大会可能被人认为某方面的国民大会，所通过的宪法，可能被人认为某方面的宪法，那就僵了。若一面尽管进行国民大会问题，恐于商谈的进行上，也将受到影响。因此，我们七个人一致主张两点：一、要从速恢复商谈。二、把国民大会问题的进行展〈暂〉缓些。

主张既定，共同去见蒋主席。主席很希望我们延安去一趟。并在我们充分说明一致的主张之后，以伟大的、恳切而坦白的精神，答复我们：国家的事，只须于国家有益，都可以商谈的。我

---

①《论联合政府》是毛泽东1945年4月24日在中共七大上所作的政治报告。
② 原文为"那末"，下同。

们听到了，就决定去延安。但是到临走那天，王云五先生病了，结果只有六个人去。

二、问：你们六个人去延安，用什么名义呢？

答：我们是用个人名义。虽都是参政员，但并没有受参政会公推。冷、傅两先生在去年参政会里，曾被推为延安视察团五人中之二人，但他们两位并不用视察团团员的名义。更不管有党无党，我们是自由的，自动的。不受任何方面的委托，所以不受任何约束。我们不是第三者，不是和事老，我们也是国民，我们是有主张的。我们去延安，我们先认清自己的身份是这样的。

三、问：你们究竟对于大局是怎样的看法？

答：内战是绝对不应该，也是绝对不可能。这不是谁能打，谁不能打的问题，而是国内和国际情势上所绝对不允许的事。这是从消极方面说。积极方面，在全世界高唱和平与民主声中，无论国与国间，民族与民族间，乃至一国之内，任何单位与单位间，凡是两个以上，都在由联系而合作而团结。波兰问题，算是一个僵局的了，到底圆满解决。印度希姆拉会议的破裂，舆论都不满意于回教代表的固执。世界思潮的新倾向，不是已经显明了么？这是我们一致的看法。而况国共问题，双方商谈之门，本没有关闭呢！

四、问：你们到延安一般的观感怎样？先请说说延安的风光好么？

答：我们是坐飞机去的。一下飞机场，首先使我们注目的，是左右两行山脉，高高下下的峰壁上，凿着无数圆形而平底的窑洞，这都是老百姓的家。延安是经过几次日寇的大轰炸，最近从瓦砾堆上，建筑起房屋来，成为疏疏落落的街道，当然说不到繁荣，但在新市场区域，把重庆来比，仿佛像信义街、棉花街一带，中间不断地是新建的房屋。商店二分之一，至少三分之一，都是合作社，或类于合作社的组织。中间不少数量的商品，是公务员家庭所制造出来的、所种植出来的。警察是没有见过，游民他们叫做"二流子"也绝对没有的。标语很少，或者竟可以说没有，有的是街上宣传小品。我提出一两点比较琐碎而可以做描写延安风光的助力的，书店门外揭示着的广告、出售书籍和文具，在黑板上每一种用粉笔画一个图，标明价目，民众都在围观。还曾到理发店里去访谈，每一次理发流通券七十元。理发用凳的靠背，窄窄的木板一块，扳向后方，人斜卧在上边，理毕，将木板竖直，回复原状，这个制度倒比一般流行的理发椅来得简单而省费。这边一般的木器，都是制造得非常坚致的。

忽然看见一个招牌，是"韬奋书店"，使我顿时忆念到长眠地下的老同事邹韬奋先生[①]，发生无限的哀感。

延安城靠着一条延水，河身很阔，但水极浅，

[①] 1922年，邹韬奋在黄炎培联合蔡元培、梁启超等共同创办的中华职业教育社任编辑部主任。

一般人涉水时，水不过膝，我们是坐着汽车过河的。问他们才知道到发水时，流量和流速大得了不得，在平时老是这样的。

延安到处总是一条水，水边一条路，路两旁是人家，水两旁是高山，仿佛一式的。

党政军三个中心区域，我们都到过，房屋高高低低地都在山坡上下，和民间的建筑，没有多大差别。但各有一个大会堂，大会堂的规模当然不能比重庆中华路的青年馆，但也还有中一路抗建堂①模样，实在超出我们想像的。

我不再说下去了。请读我的《延安五日记》吧！

---

① 建于1940年，是专供演映抗战戏剧电影的著名剧场，被誉为"中国话剧的圣殿"。

五、问：再请说说延安的人物。

答：说到人物，我愿意先谈谈延安的民众，现在延安有五万人口，其中三万多是公务人员和他们的家属等等，这种人员，不论男女都是制服，女子学生短装短发，都代表十足的朝气。当地老百姓，衣服也都很整洁，衣料是蓝或白的土布。绝对没有褴褛污秽的流浪者。女子皆天足。此等土人，是代表朴实和体格的健全，却从没有发现过绅士式的男子，和涂脂抹粉、洒香水、高跟鞋等摩登装束的女子。

至于中共重要人物毛泽东先生，依我看来，是一位思想丰富而精锐又勇于执行者。朱德先生一望而知为长者。此外轰轰烈烈的贺龙、彭德怀、聂荣臻、林彪、刘伯承……诸位先生（徐向前先生在病中没有能相见）在一般人想像中，一定脱不了飞扬跋扈的姿态。料不到，这几位先生都是从沉静笃实中带着些文雅，一点没有粗犷傲慢样子。真是出于意外。

我们来去统共只五天，在延安三天，每天总有半天，忙的是正式谈话。所有观风问俗的工夫，用得太少，这也是无可如何的。

六、问：延安的政治作风究竟怎样？

答：我们在延安，倒自由自在的。要到哪①里，看哪人，都绝对自由。你不需要带路，你就自己去。可惜我们时间实在太短，没有能出延安，到四乡去走动。就在延安，看到的地方，也实在

---

① 原文为"那"，下同。

太少。就所看到的，只觉得一切设施，都切合乎一般的要求，而绝对不唱高调，求理论上好听好看。举几个例，他们知道贫农的要求，不一定在自有其田，只在乎有田可耕，而减轻租额，于是变分田政策为减租保租。他们知道贫民要求有钱可借，而减轻利率，于是不禁止债主放债，但严定减息保息。有人将怀疑中国共产党在开倒车，然毛先生说：那些都是党八股，万要不得。他们知道老百姓最苦的是贫而且病，现在都市设医院，施医给药，是不够的。于是组织医疗队，巡回四乡，医和药是送上门的。他们常常抓住了一个人或一个地方办出优良成绩的，来一个扩大运动。离开延安二三十里，吴家枣园吴满有耕地办事成绩好。赠他一个劳动英雄徽号，各地举行大规模吴满有运动。毛先生说：我们要打倒主观主义和宗派主义。我们要向老百姓学习。工农分子的知识，有时倒比知识分子多一点。读了马克思主义，没有能根据它来研究中国的历史实际，创造出合乎中国实际需要的自己的理论，做了中国共产党党员，看不见中国，只看见书架上的革命文献，这种马克思主义理论家，还是少一点好。他主张有些书本知识的人，快回到实际工作里去。这都是中共三年来的新方针，至于执行得比较彻底，不马虎，在延安几天里，随处可以见到，这是事事有组织、人人有训练的缘故。

我们应该知道中共政治作风已变了。不是变向别的，而是变向平凡。

七、问：你们和延安诸位领袖正式谈话的经过怎样呢？

答：我们和毛先生等谈话，在三个半天中间合起来，倒有十来个钟点。第一天我们叙述来意，和充分说出我们对于大局的看法。说到双方商谈之门，并没有关闭，毛先生很表同意，还接着说，只为了门外有一块绊脚石，就是国民大会问题。第二天彼此交换意见，几乎每一个问题都充分讨论到，时间也占得很长。第三天谈出结论来了。对我们所主张的两点，表示完全相同，而另外提出些他们的意见。总之这三天的谈话，彼此都十分坦白，十分恳切，不当做"办交涉"，而是亲亲切切地谈心。因为大家对于大局有相同的看法，这基本观念是一致的。

八、问：你们回来怎么办呢？

答：我们回来之后，六个人共同去见蒋主席，很坦白地据实报告，接下来就忙着参政会开大会了。

九、问：这次参政会，你们的态度怎样？国民大会问题的结果是怎样？

答：我们商定依各人的地位和环境，用不尽相同的方法，希望完成我们共同的贡献。有人关心到中共不参加参政会一点，我们对这点在延安并未提及。我们认为如果从商谈而获得团结，根本上得到解决，枝叶自不成问题的。

这次参政会关于国民大会问题的经过，倒

是值得一述的。七月七日开幕的那天,蒋主席演词中,有这样的一段话:

……本年五月国民党第六次代表大会有于本年十一月十二日召集国民大会之决议,至于与大会有关各问题,在未听取贵会诸君之意见以前,政府将不作任何决定。因为国民大会的召集,既在结束训政,还政于民,则大会日期,自应由国民党来负责决定。至于与国民大会的召集有关的各种问题,在现况之下,虽不易得到理想的解决,但各方如能虚怀讨论,政府自将虚心接纳,当亦不难觅得相当满意的方案。……政府对于与国民大会召集有关的问题,拟不提出任何具体的方案,可使诸君得以充分的讨论……所要求于各位的,在排除一切党派的成见,纯然站在国家利益的立场,提供合理的主张。

到讨论这问题那天,同人对这问题的提案有二十四件,登台发言的有三十六人,所有各人态度,确不愧为自由和充分。我和冷先生遹、江先生恒源,有如下之书面证明:

炎培、遹、恒源对于国民大会问题,素抱一种主张,以为此事诚发于国民党结束训政还政于民之善意,其惟一先决条件,即必须在全国和谐之空气中进行,则一切问题,庶可迎刃而解。盖国民大会责在制定宪法、树立中华民国百年大计,如各方主张,尤其是有组织者之意见,尚未融通,而遽欲仓促[①]召集,仓促制定,则其后患

---

① 原文为"仓卒",下同。

将不堪设想。欲完统一，而适召纠纷，以善意而获恶果，以百年大计而演成百年大害，在此存亡生死千钧一发之间，实私心所深忧大惧，而不敢苟同时论，偷取一日之安者也。何以造成全国和谐空气，则以为群策群力，凡在国民，皆当有以自效。……今本会将讨论国民大会专题，在同会诸君子自可各抒所见，而论国家利害关系，则一出一入，何去何从，诸君子善为国谋，必能审慎抉择，舍小己而取大公，抑感情而伸理智，民国前途，将决于诸君子之一念。……

到审查会那天，又经过一番详尽的讨论，结果制成一份审查报告。

这份报告，提出大会之结果，以起立赞成一百八十七人对出席一百九十六人之绝大多数通过。此项审查报告，其文如下：

本审查会关于国民大会之提案，二十四件，经郑重研讨，佥认为政府召集国民大会以实践还政于民之意愿，全国人民，咸深欣（钦）佩。本会同人对于国民大会问题所提意见，彼此虽不无出入，然宪政之必须从速实现，宪政筹备工作之必须加速推进，国民大会之必须具有完满代表性，全国统一团结之必须继续求其实现，则为本会同人一致之期望。爰本斯旨，谨请大会作次列四项之决议：

[一、]关于国民大会之日期，本会同人意见未尽一致，本会兹不提出具体建议，由政府斟酌情形决定。

二、关于国民大会代表问题，请政府参照

本会各参政员提案,衡酌法律与事实,妥定办法,务使国民大会具有极完满之代表性。

三、宪法制定时,应即予实施,俾政府还政于民之旨,早获实现。

四、国民大会召集前,请政府从速采取次列各种措施:

(一)继续采取可能之政治步骤及协调之精神,求取全国之统一团结,本会同人并盼中央方面亦深体统一团结之重要,使政府今后所采取之政治步骤得其预期之效果。

(二)保障人民身体、言论、出版及集会、结社之合法自由。

(三)对于各政治党派依法予以承认。

(四)依限完成后方各省各级民选机关之设置,以树立地方自治之基础。

（本会同人原有各提案及本审查会各审查委员所提之意见，连同本决议案并送政府。）

这是本届参政会对国民大会问题之结果。

十、问：你推测这件事的前途怎样？

答：事实的经过，已详尽报告如上文了。至于前途怎样，我不想轻率地加以推测。只认定两点：（一）这一问题的利害，已经明明白白，更没有怀疑余地的了。（二）我人服务，苟利于国，成败应非所计。

延安五日记

日记，我是从辛亥革命那年写起的。但这五天的日记，含有特殊意义，从延安回来，问我延安情形的太多了。我无法一一口头报告，在友谊上又不能不报告，发于良心的驱使，而有这回的奔走，我们的态度，是绝对坦白的。为了国事，在公义上更不能不报告，特把日记来发表。

我的日记，是句句老实话，如果有人以为太这个了，也许有人以为太那个了，"见仁见智"，对于诸君，只有报之一笑。

延安的一行，发动于六月一日，我们七个人——我与褚辅成（慧僧）、冷遹（御秋）、王云五、傅斯年（孟真）、左舜生、章伯钧，公电延安中国共产党毛泽东、周恩来，表示希望国民党与共产党从速恢复商谈，促成团结。因为国共双方在二月以前，本在商谈，后来才停顿的。延安复电希望我们前去，经各方接洽的结果，决定一行。

民国三十四年七月一日（晴）

前两天才决定今晨飞延安，内子维钧用她周密而亲切的心思，准备简单而必要的行李，装成一皮包，随身带着。晨七时，离开了重庆张家花园寓楼，杨卫玉、贾佛如、许苟八、尚丁等送到观音岩，握手告别。维钧陪我上小汽车，在这时候，二龄女当当大哭，一龄的丁丁呆看着，什么都不懂。

小汽车到九龙坡机场，得王云五信，昨夜忽感寒热，体温高到一零三度①，医生力阻出门，结果我和褚、冷、傅、左、章六人同行。临上机，先练习降落伞使用法，说万一遇到敌机，这件东西是必需的。

九时三十五分起飞。自和维钧结婚，将满三年，这回还是第一次分别。因维钧的富于情感，一时无法抑制，使我大感动。

[飞]机从晴明的天空中北行，白云朵朵，现出萧闲的姿态，好像绝不了解世界正在打仗，

---

① 此处指103℉，约39.4℃。

我们正在忙碌着。嘉陵江一弯①一曲,自北而南下,我们的[飞]机,迎着它直线前进。过了一个半钟头,飞机忽然升高到八千五百公尺,秦岭山脉来了。我在八年以前,从上海飞西安,转飞绥远劳军,曾过秦岭,这条山脉最高的太白顶比华山、峨眉山都高。但在飞机里俯视,只见倾斜着的青绿而满布着林木的大山坡,在白云掩护中间一幅一幅在倒退。秦岭以北又一片青绿的是平原,我旧游的西安,在马不停蹄的飞行中过去了。

从重庆到延安,空程四百五十英里,飞机每小时行一百二十英里。

陕北一片丛杂的山岭,一条延水自西北而东南,流入黄河。经过延安的一段,两道山脉隔着,两岸背靠着山脚的,是延安的城市。

---

① 原文为"一湾"。

飞机选定了两山中间一条最适宜的空中路径,从远处直线飞下,一落地,欢迎者成群而来了。

毛泽东、朱德、林祖涵、吴玉章、周恩来、邓颖超、秦邦宪、张闻天、林彪、叶剑英、徐特立、李富春、杨尚昆、谢觉哉等等。

从机场周围一看,好像四面皆山,山壁上凿下无数的洞,洞的外形,上边一个半圆,下边是一画,无数无数个排列着,好像扩大的龙门佛像,却全是老百姓的家屋。我曾经游过晋北,住过这种窑洞,但没有这边规模的大。今年陕北苦旱,延安一带,恰在我们到着以前三星期内下过两次雨。

我们坐着十人座位的汽车,摇摇荡荡沿着

山角＜脚＞而行，这里是肤施①县城，在延安旧府城之北。到了王家坪第十八集团军总司令部，进客堂，宾主围坐。主人比来宾要多三倍，在欢洽的空气中，新旧朋友分别杂谈。进会堂午餐，这堂有讲台，很像重庆白沙沱中华职业学校的礼堂。这不是说中华职业学校建筑宏伟跟中共礼堂一般，也不是说中共规模简陋和一个私立的苦学校一样，事实确是这样。只是这礼堂的梁和柱要比中华职校的礼堂粗得多。这里有一点遗憾。这"遗憾"两字，用得特别准确，是遗传下来的憾事，就是山上很少林木，不是天没在生，是在中共到这里以前，给某种军队砍光了的。我曾经游过岷江上游，光秃的丛山，那种惨象，写入我的《岷源一曲》。这里山顶，带青绿色，还算好哩。

---

① 旧县名，今天的延安市主城区为其辖境。

餐后，仍乘车行，渡过浅浅的延水。我们南方人读《孟子》，"子产以其乘舆，济人于溱洧"①，车子怎能渡水呢？是不能了解的。那年到曲阜，坐着车渡汾水，才恍然大悟。我们是客，坐着水陆两用的车，还有许多人，褰裳涉水而过。

过了延水，穿过了小小的延安城，眼帘前忽然闪过一块牌子，"韬奋书店"。

出延安城南门，到着陕甘宁边区政府招待所，地名瓦窑湾，每人一间卧房，凡是他所想到需要的，都替你预备着。

小睡后，偕慧僧、御秋出门，没有告诉别人，很自由自在地散步新市场。

排列着好几家大规模的北方式的商店，叫"过载行"，是一个大院落，养着不少驴马，问

---

① 根据《孟子·离娄下》，应为："子产听郑国之政，以其乘舆济人于溱洧。"

过他们，知道是代客运货，运到的货，也代客买卖。慧僧问他们运些什么东西，说一部分运进棉花；问棉花的价格，说每担流通券五万多元，就是法币十三万多元。

这里向来通用的边币，须七元多换法币一元。现在发行一种流通券，仿关金券（流通券一元抵边币二十元），现在法币二元六角，换流通券一元。

这里妇女的装饰分两种，一种是短发制服，大都是公务员，又一种是从乡村来的，穿着窄而长袖的大襟的白布短衣，小而圆的裤脚，不穿裙，天足，梳着扁形的圆髻，髻上插上十来个白银的针，中心一针较大，周围较小，眉目有些特别，鼻梁是平而长的，两目和两眉，各成一字形的直线，显出一种天然的秀美。我所看到的乡村装饰的妇女是一律的。一个这样装饰的少妇，在驴夫扶助下，跨上驴背，盘着一脚平置驴背上，一个六七岁的男孩，跨在仿佛是他的母亲的背后坐着，他们骑驴的技术，这样老练，真使我惭愧。

一家是联合木器厂，去访谈了，他们说是若干木器制造的工人，合组起来的，这里的木器不坏，是工作很道地的旧式木匠，用当地的材料，做成新式的木器。刨得很光，拼得很紧密，角和边线，都把棱去掉的，漆用淡黄色，着热不退。我从木器厂里、招待所卧室里，和各朋友家里看来，是一律的。诸位：休笑我写得太精致，要研究群众文化的程度，这种地方倒是很值得注意的。

一家是供应总店，又去访谈了。原来各机关各公务员衣食用品凡是公家供给的，都经供应店供应，有分店，有总店。

街头墙壁上贴着一份拥军公约,是四言的二三十句话,都是讲民众对于军人,和军人对于民众应该互相的工作。

一家妇女联合会开的合作社,所售商品,都是公务员家庭制造的,吃的、用的、穿的,种类着实不少。

到处是新建筑,我和御秋去访问:你们这屋是自己筑的吗?是。有没有公家贷款给你们或是补助你们?答没有。看各家的建筑,各式各样,可以证明这确是他们自己的建筑。

街头一块黑板,一边粉书解放区名称,又一边粉书含有很丰富的卫生宣传意义的一桩故事。黑板的角上有个意见箱,什么人都可以把意见书投入,如果他要向政府谈话的时候。

三个人走了好多时候。街道是整洁的,阶

下的水道。却没有看到茶馆，没有看到一个游手闲荡的人，他们叫做二流子，男女都气色红润，尤其是女子，特别秀硕。据说，当地人家吃小米，小米很能增加女子内分泌，可是我没有研究过食物化学。

在街上绝对没有看见过一个面带烟容而颓唐的人。晚餐了，一大群朋友围坐着杂谈，商定了从明日起的进行顺序。

今天恰是中国共产党成立第二十四周年纪念日。在二十四年前即一九二一年中华民国十年的今天，在上海举行了第一次代表大会①，中国共产党就这样成立的。

夜半十二点钟才就枕。这里的气候，中午温度也要比重庆早晚降低十几度，初进卧房见床

---

① 中共一大开幕时间为 1921 年 7 月 23 日。

上堆着很厚的棉被,一时感觉这种设备也许未免过分周到,哪知①到了晚上,我的胴部已抢先地欢迎它了。

在枕上,成一首新诗,还没有定稿,就在雪一般白的窗月下朦胧着。这里南边的邻县,是鄜州,不免生"今夜鄜州月,闺中只独看"的感想。

二日(星期一)晴

清晨五点钟起身,朝阳给一道山脉挡住,还没有露面,而红霞已布满天空,这时候空气最清新,很像北平秋天之晨。肌肤和它接触,发生无法形容的爽快。就招待所室门外空地,照例举行早操,散步小园里,成七律诗一首。早餐,鸡蛋、

---

① 原文为"那知"。

牛奶、小米粥、馒头、大碗盛着的白塔油等等。

早餐甫毕，许多新旧朋友陆续来了。

陈学昭、丁玲两女士，我很早读过丁玲的不少作品，但见面还是初次。陈毅（号仲宏①）新四军军长、张仲实、张曙时、范文澜。二十多年大学老教授范文澜，忽对我深致敬礼，原来还是四十二年以前，浦东中学第一班毕业生，我亲自教过的，他是绍兴人。他们不全是共产党党员。

从许多新旧朋友口中，知道不少这里的事实。

这里有延安大学，有医科大学，有自然科学研究院。地方军队大多是土著，他们的责任在保卫地方，从事生产，不开赴前线。

绝对不拉兵，前方士兵缺额，都就地补充。

---

① 原文如此，应为"字仲弘"。

这里也常有志愿从军的青年，最近有二十多人愿赴东北，政府替他们饯行，勉励了他们不少的话。

个个人得投书街头的意见箱，也个个人得上书建议于主席毛泽东。

有人说："我是一九三八年来的，那时候地方妇女还穿着破烂的裤子，我亲见过的。现在好得多了。"

政府好像对每一个老百姓的生命和他的生活是负责的。

医院不多，但有若干医疗队，巡回各乡村替老百姓看病。最近一个护士节，曾经大规模为医疗队护士慰劳。

乡村有变工队和扎工队。变工队是交换工作，扎工是地方的名称，扎工队替人家做工①，

---

① 原文为"作工"，下同。

或受酬金，或答还工作。

全部边区，到去年年底，已有三十多个信用合作社，存款总额达五万万元，吸收白洋一万多元，元宝十几锭，手镯四十副。这是建设厅长的报告。到今年五月单是延属分区，也已有三十五个信用社，资产总额七万万五千五百万元。

边区银行，是为边区人民服务的银行。在信用社资金调剂不过来或无法调剂时，银行负责扶助，给以必要的贷款。

离开延安三十里地，有吴家枣园，一位吴满有，他的村庄工作得太好了，不但自己工作，还替人工作，还劝人家替人工作，所以称为劳动英雄，借他鼓励各地方，仿他的作风。这种运动，叫做吴满有运动。各区劳动英雄还不少。

有一位是一九三六年来的，说："那时候地

方一片荒凉,很多土匪,医院也遭过抢劫。有一次周恩来坐在车子里,遭土匪狙击,打死了同车的另外一人,这人身边有周恩来名片,土匪以为被打死的,就是周恩来,一呼而散,周恩来谨免于难。"

延安西北,有一个很热闹的保安县;现在改名志丹县。那时候县城内老百姓只有九家。保安之西吴起镇,现改吴起县,当时只有些破窑,今成闹市了。

中共初到时,实行过分田,就是把富户的田,分给耕农,现在没有办。延安现有八大富户,其中有田一二千垧①(这里每垧三亩,我曾游东三省,那边每垧十亩)的不少。商会会长王克温就

---

① 旧时土地面积单位,各地不同,东北地区多数地方1垧合15亩,西北地区1垧合3亩或5亩。

是八大富户之一。

富户虽是把一部分的田分掉了，但余下的田，收租倒有了担保。这里现行的政策，对田主们替他们保租，但须减租；对债主们替他们保息，但须减息。

到处有庙会，不禁止的，但趁此举行各种有关教育、卫生等宣传。

这里公务员的衣食用品都是公家供给的，每一公务员每人每年有棉衣一套，单衣一套，衬衣一套，棉鞋单鞋各几双。每日米二十两（今年为了备荒，改为十六两，有的人特别报效，自动改为十五两）、蔬菜一斤。每月猪肉二斤（去年三斤，为了备荒故减）、油一斤半。

生育一切公费，连纸都有公家供给。孕妇产前公家车送医院检查。婴儿六个月以下，公家给钱。以上到一岁半,每月给面二十斤。母亲如乏乳,则供给牛乳。

医药公费,其他用品,如纸笔等,皆供给,但有限量。

一位女士笑着说:"连妇女卫生纸都由公家供给的。"

体弱的皆给保健费。并非体弱,但有特殊情形,如年龄过高的也得有保健费名义加给。这种保健费多少不等,每月由几千元多到一万元。

作家特别优待的,例如作家领取纸笔,不加限制。

因为膳食是公给的,所以延安大学假如有位教授,今天要到这里招待所午餐,必先向延大方面领一证明纸,交给招待所,使延大减一客饭,招待所添一客饭,才不致浪费,也不致仓促难办。

他们立法是精细的。

我问:"无论公家供给如何周到,总有包括不了的地方,例如买书、买小食、买香烟等一切零用,哪里①来呢?"答:"政府奖励每一公务员和他的家属努力生产,或就屋旁余地种蔬菜,或纺纱织布制衣服及一切手工艺,如儿童玩具等等,这种生产所得,都归他本人的。这是一笔很可靠的生活补给。而街头日用品的丰富,以及墙根屋角没有隙地,也就为这一点。"

延安现有人口五万,但其中公务员占三万以上,据说中共初到时,这里城内不过二千多人。

下午坐车赴杨家林②,访问中共主席毛泽东,直到他的家里。这里称毛泽东便是毛泽东,

---

① 原文为"那里",下同。
② 原文如此,应为"杨家岭",下同。

不大惯用他的衔名。

杨家林是中共中央机关所在地，同样是高高矮矮的山坡，离延水稍远些，风景很好。有一所大会堂，规模相当宏伟，背靠着山坡。大概中共重要人物，他们的家，都在这山坡上下，因为我访问许多老朋友，大都在这里的缘故。

从大会堂右边绕到后方，走上山坡，便是毛泽东接见我们的一间会客室，仿佛就是大会堂后身的上层。室是长方形，光线很足，中间安着长桌，四周各式椅子约可容二十人。四壁挂着清清疏疏的几幅画，中有一幅是沈叔羊画的，一壶酒，上写"茅台"两字，几个杯子，我题上一首打油诗。这是某年沈叔羊在重庆开画展，要求我在这几幅画上题字，忽然想起了二万五千里长征中间，共产党人在茅台酒池里洗脚——一桩故事的传说，就提起笔来游戏式地写上一首七绝：

喧传有客过茅台，酿酒池中洗脚来。

是假是真我不管，天寒且饮两三杯。

料不到这幅画落在共产党领袖的客堂里。

毛泽东和我们已经谈过许多小时了，都是随随便便的闲谈，这一回我们事前约定的要谈正文。我们六人［及］毛泽东以外、朱德、周恩来、林祖涵、刘少奇、张闻天、任弼时、王若飞。先由褚辅成简略说明这一次我们来延安的大意，接下由我们五人，一一发言，很充分地说明我们对于国际及国内大局前途的看法，认为团结是有绝对的必要；其次，我们平时对于团结问题的稍稍效力；又次，依我们所知道国共两方关于团结问题的经过，以及最近商谈停顿情形，但蒋委员长三月一日宪政实施协进会演词说尚在继续寻求合理的办法，以期中共问题得以圆满解决，而中共方面毛先生《论联合政府》大文中在发表各种主张之后，也有愿意恢复谈判的表示，所以我们认为商谈的门是没有关的。我们说话是你一段我一段，姿态是很自然的。我们说到这里，毛泽东就顺着上文说：双方的门没有关，但门外有一块绊脚的大石挡住了，这大石就是国民大会。这一点我们的看法倒是相同的。那一天谈得很久，可以说都是我们述明来意，还没有达到交换意见的阶段。但时间不许可再谈下去，外面报告要进晚餐了。

晚间，中国共产党中央党部就大会堂设宴。入席以前，就别室一一介绍。因为中共最近举行七中代表大会才了，从前方来的，都还没有散。向来闻名，这回才见面的如下：

贺龙、刘伯承、彭真、高岗、康生、彭德怀、聂荣臻、陈云、吕正操等。有若干人，已记在前面。徐向前在病中。

堂上放六个圆桌，我的一席主人朱德，陪坐者贺龙、陈毅、陈云、吕正操、陆定一等五人。大家随便谈天。只觉在座各位高级将领，一般定以为飞扬跋扈得了不起，哪里知道一个个都是朴实稳重，和我平时的想象完全两样。和贺龙圆桌谈天，就有这样感想。像朱德的厚重温文，更不用说了。

餐毕，接着开欢迎晚会。这地方仿佛是民众教育馆，到者也许有千人以上。毛泽东、朱德等带领我们在热烈的掌声中入场。主席李富春登台简略说明了欢迎会大意以后，周恩来致欢迎词，特别强调民主和团结。我们同行的推我致答词,我就简短地说明来意,我们来延安的主要目的,就是想在促成全国团结上面努力。我们相信现今世界有一种新的趋势,每一个角落,每一个国家,都在由分而合,走向团结的一条路。就是国与国间,也形成了大联合,因此产生了五十个国家合组的旧金山会议。这是世界新的潮流所构成的不可抗的力量,哪一国家顺着这一潮流,哪一国家就有生命;反之,将会失去生命。我们来延安,就是发于这些基本的感想。第二目的想来看看延安。我们来到这里,还只有一天半,当然不够资格说什么话,不过就我所看到的,没有一寸土是荒着的,也没有一个人好像在闲荡。有一位朋友告诉我,政府对于每个老百姓的生命和生活好像都负责的,这句话做到,在政治上更没有其他问题了。多谢诸位厚待。这是我答词的大意。

接着左舜生简单说明了中国民主同盟的经过，及对于中国局势的看法，说中国需要团结，只有实行民主，才能保障团结。

唱欢迎歌以后，接着音乐、秧歌剧、话剧，到夜半十二时才散会。

使我最欣赏赞美的是一出《兄妹开荒》的秧歌剧，表演得特别绵密而生动。据说表演的不是北方人，而方言、音调和姿态，十足道地地写出北方农村，这真是"向老百姓学习"了。我是读过王大化关于演出《兄妹开荒》经过的报告的。他说：要表现出边区人民活跃而愉快的民主自由生活，要表现出他们对生产的热情。事后，我怀疑这位主角就是王大化，可惜当时没有问。

三日（星期二）晴

清早起来，散步园角，发觉四面村落间，一片鸡鸣声，远远近近连续着不断，使我感到非常地诧异，每天都是这样。我所写诗"相忘鸡犬闻声里"，固然脱不了积习，在运用一个古典，写出政治环境的恬适，实在也是记录当时实际的情景。同时联想到也许是普遍提倡家家户户家畜生产的结果。

诸友好陆续来谈了。

时间太局促，只能分工，一部分同人参观延安大学，我愿参观农场，坐车到杜甫川，参观光华农场。我曾经游过四川的三台，观苏东坡洗砚池。古来有名人总免不了给人家拉拉扯扯，杜甫川也许是这个例子。但杜少陵也可能来到这里，他从三十五岁起到四十八岁一直在秦中的。我只没有工夫去考证。

光华农场场长陈凌风,广东人,岭南大学毕业。闻夫妇俩很早离开他家乡,八年前创办这农场。

这农场有平地二百多亩,山地一百多亩。农夫三十多人,职员二十多人。

(一)农事试验组。(二)畜牧兽医组。(三)乳牛场。若干外国种乳牛十几条。

自制牛瘟血清。各县很多牛疫,是生产界的大敌。曾有一次七县同时患牛疫,注射血清后都愈。现有三千一百多头牛,都已注射防疫血清。

陈场长一面导观,一面说明。

小米　特产是狼尾谷,因为谷芒特别长,鸟兽都不敢窃食。这是从土种中间品成的,经改进后产量增加到百分之十。

玉米　特产是金皇后，这是刘少奇从鲁豫前敌间采集来的种子，秆高一丈二三尺，每亩可收七八斗，每五穗可打一升，有双穗的。经改进后生产增加到百分之五十。

洋芋　美国种，增产到百分之二十五。

棉　特别优良的一种，名"猴子爬秆"，因为棉铃生在全秆顶上的缘故。产量特别丰富，现已推行十几县。

羊　畜有美利奴羊。还有一种滩羊，收获更丰，它的皮就叫滩皮。

糖萝卜　正用土法试验制糖。想从外面运入机器和改良种子，都被阻不得运入。

蜂　一箱可收蜜五十磅，普通只收三十多磅。

农场一部分试验区在山坡,种得青绿可爱。

同去参观的冷遹对农场经验特别丰富,参观后大感满意。

地方民众主要的食品:(一)小麦;(二)荞麦;(三)玉米。

毛泽东等来续谈正文。今天谈话时间特别长,谈到的事项特别多。各抒所见,但不涉辩论,尽大家自由发表。结果约定由中共方面把意见写出来,明日公共阅看。

那天晚上,陕甘宁区边(陕甘宁边区)参议会议长高岗、副议长谢觉哉,主席林祖涵、副主席李鼎铭,在边区政府会堂邀餐。高岗君是陕北人,中共在陕北一切设施,有今天的基础,高岗的力量很多。李鼎铭陕北米脂县人,米脂县在陕北各县中文化水准较高;李已高年,长于算学,长于医，又精研易经；在边区政府后山头养病，我们到后，先去拜访，略谈即辞出。

民政厅长刘景范、财政厅长南汉宸、教育厅长柳湜、建设厅长高自立、延安大学校长周扬、保安处长周兴及来宾二三十人，一一相见。一位须发苍苍、民国元年同出席中央临时教育会议的安徽汪雨湘，料不到在这里相见。柳湜亦是《生活周刊》的老友。上文提及的劳动英雄吴满有从几十里外专程赶来参加。这位英雄年龄约近四十，身高强壮，红光满面，是一位十足天真的当地农村领袖。主宾满堂，都表现着兴奋，惜时间不多，还没有言谈，便入席了。

全堂共六席，和我同席的是南汉宸、柳湜、杨秀林①等。杨秀林北高师毕业，当大学教授多年，

---

① 原文如此，应为"杨秀峰"，下同。杨秀峰，字秀林。

抗战以来亲自在太行山一带打游击，现任晋豫冀边区主席，和他长谈，得知那几省敌伪实在状况。

中共军队每到一地方，必首先争取民众。现时他们所用的方法，是使民众站起来，聚拢来，让他们自由投票选出他们所认为满意的人，做这一地方的乡长或其他公职。军队绝对不参加意见，地方政治，就让这地方民众去监督。他们认为只有这样，才能使老百姓兴奋地出心出力。

凡兵士和地方老百姓发生纠纷，必须责备兵士，因为老百姓没有枪，决不敢也决不能欺侮有枪的兵士。中共高级军官告诉我，中共对这一类问题的处理方法，是一律这样的。

四日（星期三）晴

韬奋次子嘉骝来谈,多年不见了,见了人,笑面相迎,很肖他的父亲。他在笑,我悲伤了。他现在延安大学科学研究院习机械工学。问功课有兴趣没有?答上课以外,半日做工,很感兴趣。生活费怎样?答一切都是公费。这里是这样的,凡学生声明愿在课余担任生产工作的,政府给予公费。这院学生连杂费都由公家供给。问功课满意否?答满意的。紧张得很。

若干位朋友又来杂谈了。

中共今天的局面,是从艰苦中得来的。

他们是从被压迫里奋斗出来的。

他们是进步的。他们在转变。

他们现在望着"不扰民"的目标上尽力做去。

公务员体格很好。妇女勤于生育。有人说：食品中小米很助营养，于妇女尤相宜。但民间生育似乎还是问题。只看庙会时，许多乡村妇女们，都在拜神求子。有人这般说。

今天我不去延安大学，准备去参观一件比较更有趣的事，就是日本俘虏学校做工。

坐车到郊外，参观日本工农学校，入门，许多人在建筑一新屋，有搬运砖木的，有爬在屋面上涂泥的，他们的面目，一望而知是日本人。有的还戴着眼镜，显见他们不尽是劳工出身。立定看一下，他们工作很努力，很有条理。校在山坡上，一级级上去，还看见他们各种工作。

全校日本人一百七十三名。校长冈野进，是日本共产党首领，和我等长谈，李初黎译述。

这里的日本人约分三类：一类是初到的俘

虏，观念尚未改变；一类是已经改变了；又一类不是俘虏，志愿来这里服务的。

处理这俘虏们的方法。第一步安定他们的生活，然后慢慢地转变他们的思想。他们的学历①，大中小学都有。

向冈野进发问了：现全世界共同的要求，是民主，是和平。日本军阀恰恰和它相反，这一类人，在这个世界，当然无法生存的。但我们深信日本的民众，并不和军阀一气，可是已经中了很深的毒，今后怎样消毒？怎样回复他们善良的本性？怕很费力气吧！他答复：要回复他们善良的本性，重在改造环境。逐渐消除他们怨毒的心理，是一种艰难的工作，但吾人必须努力的。我说：是的。要改善政治环境，要使他们认识世界

---

① 原文为"学力"。

和世界人类，不是这么一回事，过去戴着某种有色眼镜，看出来的一切一切，是错误的。这种工夫，你们是日本前进分子，当然责无旁贷，我们中国人，也很愿意帮同努力的。

写到这里，我想起一桩故事了：一九一七年，我是第四次去日本，那时我们最初提倡职业教育，在东京拜访东京高等工业学校手岛精一，是一位七十余龄的老校长。承招待到他的家里长谈，从职业教育谈到日本劳工问题。他深深慨叹：日本劳工被压于资本家魔力之下，连职业教育一名词，不许成立，只能说到实业教育。他说：实业教育，是代表资本主义的。你们中国，竟公然喊出职业教育，我们惭愧了。接下，他老人家大发议论了：中日两国，有真正亲善的必要。像现在，表面高唱亲善，骨子里哪里是这回事。转下来，大骂日本一班年轻小子。他大声说：照他们这样干法，结果，只有同归于尽。他大哭了，且哭且说：我老了，看不见了。黄先生！你还年青（其时我四十岁），你们定须大大地努力，挽回你我两国的危运。这一段记录，写入我当时东南洋考察笔记。这种书，在流亡生活中都不在手头，仅默写些大意。三十年来，天翻地覆，回想！回想！不能不感叹手岛老人的先见和热肠。

我感觉这一个日本工农学校，生气蓬勃得很。

冈野进有告日本国民书，结语是：立刻停止战争，打倒军部，打倒战争政府，建立人民政府，建立和平自由的日本。

沿着学校所靠的山坡，向右行，在近宝塔之下，石壁上刻大字，虽已模糊，仿佛是"老子胸中有数万甲兵"这几个字。分三行，高约有十丈。传闻延安城是宋朝范仲淹筑以防西夏的。闻尚存地方志一部，不知是府志还是县志？惜无暇考查一下地方掌故。

归途，同车浦化人夫妇，我已认不得。化人自言三十余年前，曾由我的手考取他入上海浦东中学，说了许多许多故事，我还能隐约记得。化人后来服务司法多年，曾任最高法院院长，现在延安专任招待盟军。

午后，走访若干老友，陈绍禹、吴玉章……绍禹在养病中。

我和冷遹两人共毛泽东畅谈了。畅谈到两点多钟。把紧要的语句，就我所记忆到的，写在下边：

中共作风，到民纪三十一那年转变的。那

时觉悟到过去种种错误，错误在中了主观主义、宗派主义、党八股的毒。

当了中国共产党党员，没有看见中国，看见的只是书架上马克思主义等书。

中国的贫农，他们要求的是什么？要求让他们种田。他们情愿缴租，苦的是租太重。至于自己有田，当然是很好，这是第二步的希望。所以我们提倡减租。不反对田主收租，如果减租，可以保租。

我们也不反对债主取息，但须减息。如果减息，可以保息。因为贫民正要借钱应他们急需的缘故。

我们很愿意向老百姓学习。

我们很愿意使仅有书本知识的人，回到实际工作里去。

我们自称知识阶级，实则工农分子的知识，有时倒比我们多一点。

在共产党里，只想消灭别的党，简直和在别的党里，只想消灭共产党，一样的错误。这就是宗派主义的毒。我才是正宗，我以外都要不得。

毛泽东还说：我并没有其他资格，我只是一个师范学校毕业生。我说：我只觉你所讲的，都是教育学说上的要点。二三十年以前，提倡的新教育，不就是讲实际知识么？不就是讲尊重人类本能和个性么？不就是讲适应人生需要么？我总觉真理只有一条路，不会歧出的。

我们的正式谈话，今天是第三天了。再到毛泽东家，作一个结束，毛泽东就慎重地分送吾们一份谈话记录。第一部分，是中共和我们共同的意见，也就是吾们来延安以前预定的主张。第二部分,是中共对中央的建议。

把这份建议,很充分明确地对着我们一一说明。末了,毛泽东从席上十分庄敬地起立嘱我们归去时务须向蒋委员长多多道谢,给我们难得的机会,有诸位来延安,使我们听受到许多平时不易听到的话,增加了不少的了解。并祝蒋委员长健康。

正式谈话就此结束。

当夜,军司令部公宴,为我们饯行。高级将领都作陪。我和朱德、周恩来等六人同席。有一段谈话很有趣味。

"鼎鼎太＜大＞名的各位高级将领,外面没有见过的,总以为个个都是了不得的猛将,说不尽的多么可怕。哪里知道天天见面谈笑,真是古人所说'如坐春风中',这一点太出我们意外了。"我说。

他们答复了：我们这班人到底年纪都是五十上下了。过去的经验也不少了。不知不觉中在那里起变化。加上近年来大家有些新认识，也是促成我们改变态度的一种因素。这几句话，真觉得够使我们深一层更深一层地寻味。

公宴毕，邀我们观剧。在致词答词以后，特演一出《三打祝家庄》，是旧式的平剧，而特别添上若干部分的新资料。祝太公家一群司账、门公，见钱伸手便要，做事一塌糊涂，对主人一味献媚，对佃户欺压骄横，无所不为，弄得佃户怨气冲天。宋江等一大群梁山男女，打进祝家庄，就得这一队农民助力。一面救出七位弟兄，一面还高呼解放。

我哪里会批评戏剧，我就是有一种认识，

今天谈艺术，只有能深入民间的，合居第一位。顾曲的周郎赞叹了，而无法博取民众同情，贡献哪能算大？像这剧，我确信是一种利器。

在男女老少一千多群众极度兴奋之下闭幕，已快到夜半一时了。

到寓所，稍稍收拾行李，快快睡下，鸡已在唱了。

五日（星期四）晴

在邻鸡乱唱声中，急忙起身。中共诸位朋友，很好意地坚留我们多住几天，毛泽东正式留我们多住一天。我们本无所为，就是回程的飞机，约定今天从重庆开来的。而褚老先生在第二、三天身体感觉不适，到底年纪较大，天空的风行，长日的奔走谈话，是很伤精神的。还是决定早回去吧！但到今天他老人家身体倒又回复健康了。

今天是在延安的末了半天。这个清晨，我可忙了。我有一种怪脾气，欢喜<喜欢>在百忙中干完多量的工作，而又绝对不许马虎。这是我母我师的遗教，越是结束，越要做得道地。这是关于人生品格和福泽的。这当然是一种老辈的说法，但我从小很深刻地印在我脑海。

四点钟起身，预计在这两个钟头之内，要做完下几件事：

写一封信寄给重庆我的夫人姚维钧，把前天所作一首七律附去。闻重庆延安间邮信很难到达，我要试一试。并且这是我和维钧结婚以后第一封信，在延安发，做一个特殊的纪念。（这封信终是在七月二十五日那天收到，特补记一下。）

这里去兰州较近,再写一封信寄兰州,给我的妹子和我的女儿。

中共朋友说:如有上海去信,可以设法递到的。第三封信,寄给上海陈陶遗等几位老友。

还有一件事,要替亡友邹韬奋写一篇一周年的纪念文。韬奋是去年七月二十四日那天在上海过去的。好几位朋友要我写一篇留在这里。这也是自发的情感逼迫着我,觉得不能不做的文章。就做吧!在枕头上先想一下,提起笔来写。

韬奋逝世一周年哀词!

呜呼!韬奋!人人为他们理想而奋斗,君之生命遂因奋斗而牺牲。不牺牲于沙场之炮火,乃牺牲于流浪的生活与黑浊的气氛。不是东西南北的奔波，君或未至于病，病亦或未至于死，而君竟以是捐生。

呜呼！韬奋！君而有知，倘犹忆五年以前之巴州，张家花园之寓楼，一灯如豆，百端悲涕，我欲留君而不得，从此生离死别，一瞑千秋。

写至此，我哭了。接下去：

呜呼！韬奋！只留下一副又香又洁的骸骨，问何年得正首丘？今日者，距君之死，岁星忽焉其一周，君身何往？君魂何归？而我乃飘然为延安之游。犹得见君之名于书店，犹得见君之少子嘉骝。此一年来，提及君名，辄为哽噎。呜呼韬奋，被君称为知己之我，乃仅仅报君以热泪之双流。——

我大哭了。一面还接着写：

——呼天不闻，呼君不应，此寂寞之人生，欲解说其何由。

写至此，嘣嘣地在敲房门了。我急喊："请隔壁坐三分钟，就来。"赶快接下去：

虽然，死者已矣，凡我后死，忍忘天职之未酬！今日者，暴敌行将就歼，国事亦将就轨。胜利！胜利！民主！民主！君所大声疾呼者，虽不获及见于生前，终得实现于生后。呜呼！韬奋！呜呼！韬奋！死而有知，其又何求。

急急忙忙地开门，到隔壁一室，许多朋友

来了。差不多天天来的朋友以外，加上周扬、张仲实、张宗麟、柳湜、汪雨湘等等。若干位名字已不及记。坐下话别。

有人说：中共还在试验一件事，开会太多了。时间费得越多，效能越少。正在极力归并，集中，减少。

这里标语已经减到极少极少，觉得消耗了物力，毫无作用，徒然使人讨厌。

陈学昭陪我去买纪念品了。我所定买物的标准是能代表地方特殊性的土产。学昭陪我买了几种食品、儿童玩具，还替我奔走兑换货币。所买到的，最得意是粘土模型一匹白马，一陕北妇女骑坐在上边，服装形态，完全是当地模样，不折不扣。据说是一位大学教授太太的杰作，可爱得很。也是响应政府提倡公教人员家庭工艺的一种表现。学昭还赠我白玉水盂一座,同样地可宝。

飞机到了。提早午餐,匆匆上机场,毛泽东、朱德、周恩来和在这里天天见面或见过一次两次面的老朋友、新朋友,几乎没有一个不在场,热闹极了。我所抱歉的,招待我们的许多新朋友,不及普遍记录他们的大名,但这情意是没有一位敢忘掉的。同行六人一个个握手道谢,依次登机。一转眼间,只见地下一大堆人,越来越小,小到像蚂蚁一般。和我们最后分别的,到底是山头整整齐齐几百千个窑洞。我们应牢牢记住:在这几百千个窑洞中间的,才是真正延安老百姓。

下午四时左右,冒着倾盆豪雨,飞下了重庆。褚老先生安然无恙。夫人维钧早在观音岩等着了。

在延安仅仅九十五小时,为的是接洽团结

问题,并不是为了视察,如果为视察,这短短时间当然不够;单看延安市,也不够,就论延安市,我所看到,也不过一个角落罢了。同行六人各有各的接触,上文所记,也不过是我个人所见到、所听到是了。

有一回①,毛泽东问我感想怎么,我答:

我生六十多年,耳闻的不说,所亲眼看到的,真所谓"其兴也勃焉,其亡也忽焉",一人,一家,一团体,一地方,乃至一国,不少【不少】单位都没有能跳出这周期率的支配力。大凡初时聚精会神,没有一事不用心,没有一人不卖力,也许那时艰难困苦,只有从万死中觅取一生。既而环境渐渐好转了,精神也就渐渐放下了。有的

---

① 原文为"个"。

因为历时长久,自然地惰性发作,由少数演为多数,到风气养成,虽有大力,无法扭转,并且无法补救。也有为了区域一步步扩大了,它的扩大,有的出于自然发展,有的为功业欲所驱使,强求发展,到干部人才渐见竭蹶、艰于应付的时候,环境倒越加复杂起来了,控制力不免趋于薄弱了。一部历史,"政怠宦成"的也有,"人亡政息"的也有,"求荣取辱"的也有。总之没有能跳出这周期率。中共诸君从过去到现在,我略略了解的了。就是希望找出一条新路,来跳出这个[周]期率的支配。

毛泽东答:我们已经找到新路,我们能跳出这周期率。这条新路,就是民主。只有让人民来监督政府,政府才不敢松懈。只有人人起来负责，才不会人亡政息。

我想：这话是对的。只有大政方针决之于公众，个人功业欲才不会发生。只有把每一地方的事，公之于每一地方的人，才能使地地得人，人人得事。把民主来打破这个周期率，怕是有效的。

延安五日中间所看到的，当然是距离我理想相当近的。我自己也明白，因为他们现时所走的路线，不求好听好看，切实寻觅民众的痛苦，寻觅实际知识，从事实际工作，这都是我们多年的主张，也曾经小小试验过，为了没有政权和军权，当然一切说不上，路线倒是相同的。我认为中共有这些表见，并没有奇异。集中这一大群有才有能的文人武人，来整理这一片不小也不算大的地方，当然会有良好的贡献。我认为中共朋友最可宝贵的精神，倒是不断地要好，不断地求进步,这种精神充分发挥出来,前途希望是无限的。至于方针定后,他们执行比较切实有效,就为组织力强,人人受过训练的缘故。

也许有人怀疑着:这样,中共不是开倒车了么?说这句话的人,也许就是中了洋八股党八股的毒,像毛泽东所指斥的。我想不妨先请他把中共的整风文献研究一下,再说。

我常想:做人必须自己立定脚跟,切不可依墙傍壁,人家说好,就是好,说坏,就是坏。且必须服从真理,也许好之中有坏,坏之中有好,不宜有成见,必须真真切切地查明它的实在。可是,不要单听人家怎样说,还得看人家怎样做。

诗

自重庆之飞延安

飞下延安城外山,

万家陶穴白云间。

相忘鸡犬闻声里,

小试旌旗变色还。

自昔边功成后乐,

(延安城宋范仲淹筑以防西夏者。)

即今铃语诉时艰。

鄜州月色巴山雨,

奈此苍生空泪潸。

延安去

（一）

欢送！欢送！

左一起，右一起，在探听他们的行踪。

都祝这一行成功。

问成功有望么？有！有！

团结，杀敌，民主，建国，

理同，心同。

谁都不为谁，

为的是可爱的国家，可恨的敌人，和可怜的民众。

（二）

"只要于国家有益，都可以商谈。"

我相信是从真诚和理智发出的诺言。

"中间人，公道话，原来最难讨得双方的

喜欢。"

"辛苦！辛苦！"

这是给我们一时亲切的鼓励和慰安。

（三）

"我不是中国人。

"可是，

"定要促成中国的团结、民主、和平。

"我还可以卖力，跟过去一样的多，

"只须双方愿意地对我。"

这样好呀——盟邦助我，

是他们自发的友谊么？

不。是八九年千千万万人血的成果。

虽然，我的事，不能让我自己来解决么？

（四）

七十三的高龄，

为了心头的责任，褚先生说：

"走一遭算什么！这老命还得一拼。"

七个人签定了，

突然飞来一个，

病！

王先生说："我的体格，向把野蛮自命。

"不行！不行！

"还打算勉强的一行，

"又怕病传染着，

"于事无益，而反有损害。"

好比出师临阵，

忽然缺了一员将领。

（五）

我们是自动的，

不受任何方面的嘱托。

是超然的，

不受任何名义的拘束。

我们说话只有坦白,

行动只有勇敢和正直。

我们本是第三者,

不是调人,

不是中证。

若问我们的使命,

只是良心的使命。

若问我们的身份,

倒是一份子主人翁的身份。

（六）

"洋八股一文不值,

"党八股更万要不得。"

"打倒主观主义,

"宗派主义。"

"我们回到实际工作里。"

"我们向老百姓学习。"

"不反对取租,

"但须减租。"

"不反对取息,

"但须减息。"

这是民纪三十四年七月,

来去延安五日,

亲听得明明白白。

最大的要求是什么?

是民主,是团结。

一致地这般说。